휘어짐에 대하여

휘어짐에 대하여 이든시인선 **165**

김기영 시집

아든북

시인의 말

내가 시 쓴다는 것은
누워 침 뱉기
얼굴에 똥칠하고
거울 보기
아니면
갈 수 없는 곳 향한
무모한 그리움이거나
아물지 않는 상처 핥는
짐승의 우울한 혀

2025년 백로 무렵
김기영

| 차례 |

시인의 말 ························ 5

제1부 허공에 짓는 집

달 ························ 13
양촌 막걸리 ························ 14
오독 ························ 15
생 ························ 16
가마우지 사랑법 ························ 17
반성 ························ 18
파도 ························ 19
주여 ························ 20
지렁이 ························ 21
허공에 짓는 집 ························ 22
행복 ························ 23
춘분 ························ 24
알레르기 ························ 25
종이꽃 ························ 26
철 지난 눈 ························ 28
잠 ························ 29
목수의 노래 ························ 30
청매화 ························ 32
야취 ························ 33

제2부 자연 다큐

양파 껍데기	37
눈이 맵다	38
개가 더 좋은 이유	39
자동차	40
내가 아직도	41
자연 다큐	42
로드 킬	44
경비일지 1	46
경비일지 2	48
이순	49
숲	50
휴일	51
눈 시린 출근길	52
바퀴벌레야	53
어떤 우울	54
오징어	55
부재	56
둥이 생각	57
경원사에 가면	58

제3부 홀로 앉은 아침

술에 취해 돌아온 날 밤 아비의 눈에 비친
잠든 아들의 여린 얼굴에 대한 답신 ···61
자작나무 ·····················62
아메리카노 ·····················63
쓸쓸한 낙화 ·····················64
이소 ·····················66
당신 ·····················68
그분 ·····················70
인연 ·····················71
축 생일 ·····················72
고백 ·····················73
나 ·····················74
별똥별 ·····················75
국도 위의 흔들림 ·····················76
아버지 ·····················77
서른 봄 ·····················78
대전역에서 만난 예수 ·····················79
송도항문외과 ·····················80
금붕어 ·····················82
홀로 앉은 아침 ·····················84
겸상 ·····················85

제4부 찻잔과 시

화양연화 ····················· 89
봄밤 ····················· 90
3월 ····················· 92
몸살 ····················· 93
봄을 기다리시나요 ····················· 94
까막별 ····················· 96
광명역에서 웃는 기형도 ············· 98
휘어짐에 대하여 ················ 99
입맞춤 ····················· 100
물컵 위의 고구마 ················ 101
우기 ····················· 102
폭염주의보 ····················· 103
입추 ····················· 104
가을에는 ····················· 105
11월 ····················· 106
가로수 ····················· 108
겨울 저녁 ····················· 109
겨울나무 ····················· 110
찻잔과 시 ····················· 111

작품해설 | 박주용
존재, 사랑, 자연 그리고 사회적 성찰   112

1부

허공에 짓는 집

달

아주 오래전의 일이지
달 착륙선에서 내린 사람이
경중경중 달 표면 걷는 것
텔레비전에서 보다가
무중력에 대해 알게 되었지
나도 그렇게 걷고 싶어졌지
일천강에 달 비쳐도
벗을 수 없는 중력
가슴에 무거운 돌 하나
박혀 있던 내 젊은 날

양촌 막걸리

사는 일이
마음 같지만 않아서
서얼의 세월에 묶인
내가 한심해서
새벽 뜬 눈으로 앉았다
언제나 변함없는 친구
막걸리에게 말 건넨다
너는 무엇으로 사니
무엇으로 이 끝없는 사막 건너니
안주로 하는 마른 멸치
한때 은비늘 반짝이며
튀어 오르고 싶었겠지
미라처럼 입 벌리고
눈은 푹 꺼졌다
꼭 나 닮았다

오독

내 생의 반은 오타였다
짧은 혀로 더듬는
그립다는 말조차
너의 창 앞에서
낮달처럼 사위어 갔다
사랑이라 말하면
지워져라고 부딪혔다
육탈한 갑골 문자 같은 나의 언어는
빈 의자에 버려진 종이컵처럼 막연하였다
네가 아직 내 품에서 울고 있을 때
깨질까 두려운 와인 잔이었다
너의 눈물도 대신 삼키고 싶어 했다

생

철없던 목매기
코뚜레 거부하고
울부짖었다
피가 씻기지 않을 만큼
발버둥쳤다
사납게 눈 크게 뜬다고
안될 일이 되는 것 아니었다
어깨는 움츠러들었고
허리는 굽었다
운명의 고삐에 길들여진
다소곳한 짐승

가마우지 사랑법

당신 살아있는 동안
퇴역하지 않는 노병으로
곁 지키는 것
아무리 물살 거세도
머뭇거리지 않는 가마우지처럼
물질 멈추지 않는 것
참을 수 없는 모욕도
견뎌내는 것
새들도 처자식 거느리면
목숨 거는데
그것이 온전히 내게 온
당신에 대한 나의 사랑인데

반성

말라붙은 검은 살가죽과 뼈
부서질 듯 앙상한 몸
구조 기다리는
움푹 파인 허망한 눈가에
파리 붙어 있다
화면에 비친 아프리카는
살아있는 지옥이다
월 삼만 원씩 일 년이면
굶어 죽는 어린아이 서른다섯
살릴 수 있다는 데도
여기 먼 나라에서는
치킨 한 마리 구두 한 켤레가
어린 목숨보다 무겁다

파도

바다도 때로는 슬퍼 운다
파도가 방파제 가슴 때리면
바닷새들
잠시 깃 접고 숨 고른다
멀리 나갔던 고기잡이배들
서둘러 귀항한다
사람들이 바닷가에 버린 슬픔
말없이 바다가 안았듯이
모두들 가만히 기다린다
어부들
해진 슬픔의 그물 엮는다

주여

긴 호흡 멈추고
부릅뜬 눈 감으면
당신 보이십니까
머언 밤길 돌아오는
자식 기다리는 어버이처럼
길 끝에 당신 서 계십니까
부르튼 손 잡아주시고
지친 어깨 토닥여 주십니까

지렁이

품은 뜻으로 무엇이랴
무르고 느린 몸으로
한세상 살아남기 바빴다

허공에 짓는 집

허공에 집 짓네
창은 넓으면 좋겠네
멀리 보이는 굽은 산 능선 위
모였다 흩어지고
흩어졌다 다시 만나는
솜털 같은 흰 구름 데려와 놀게
외벽은 검소해서
살이 그대로 드러나야지
창 머리에 작은 차광 턱
이른 아침 목청 고운 새
내려앉기 좋고
세월 바람에 깎이고 깎여
더는 모자랄 것도
버릴 것도 없는 노인이
아끼는 분목에 조리로 물 뿌리는
그리 넓지 않은 뜨락
낮은 담장에는 담쟁이넝쿨
상념 없이 한가하게
잎 틔우면 좋겠네

행복

한 번도 보지 못한
소문만 무성한
전설 속의
파랑새

춘분

살얼음 같던 가슴이
봄볕에 녹는다
사는 것이
무엇으로도 마뜩치 않아서
뒷짐 지고 봄 서성이다가
돌 틈에 빼곡히 내민
어린 쑥 보았다
아뿔싸, 발에 밟힐까
한 걸음 건너뛴다
이마에 닿는 바람이
여인의 숨결 같다

알레르기

투철한 알레르기는
또 다른 알레르기 유발한다
붉은 꽃은 제 몸의
붉은색 거부하다가
붉은 꽃이 되었다
콧수염 기른 서양 음악가 야니가
One man's dream이라는
오선지 위에 앉아
옛 성현의 중용의 하모니 논한다
알레르기 경계하라

종이꽃

밤새워 종이꽃 접었던
지난해 겨울
회한의 등 뒤로
황사 바람 분다

마디 굵은 손가락
닿지 못하는
상념의 머리칼 흩어지고
한 걸음 다가서면
또 한 걸음 멀어지는 낮달
뿌연 유리창에서 웃고 있는데

더 그리워할 무엇으로
헛디딘 돌계단에
파랗게 이끼 피는가
잔치 몇 번 치르고 나면
흔적 없이 날려야 할
부질없는 삶

낡은 빨랫줄에 널어놓고

돌아앉은

마른기침 어지럽다

철 지난 눈

젖은 눈송이
무겁게 떨어진다
이제 와 어쩌자는 건지
겨울 지나간 가지 끝
막 눈 띄우던
여린 꽃망울
붉게 젖는다

그대 적시지 않으려
뒷걸음치던
아픈 날들 있었다
술독은 텅 비었고
쓰러지는 매운바람만
안으로 삼키던
겨울이었다

잠

살아있는 것은
모두 잠의 은총 있다
잠은 고단한 삶
차마 거둬들이지 못하는
신이 내린
연민의 시간이다

목수의 노래

녹슨 연장의 날 세운다
때 늦은 감이야 없지 않지만
섬약한 손목에 매달린
치렁치렁한 상념의 매듭 풀어
무형의 몫으로 돌려주마
옹이 지고 비틀려 버려진 나무 찾아
치수에 맞게 톱질하고
눅눅한 기억들
예리한 대팻날로 날려 보낸 후
하얗게 드러나는
속살의 향기에 취해보리라
무늬마다 굴곡진 계절의 갈피들
흠집 있는 나무는
그 상처로 하여 더욱 빛나도록
가구의 정수리에 견고히 박아 넣으마
찢긴 가지가 암수로 다시 만나리라
미덥지 못한 눈들은 보라
목수의 땀에 절은 가구가

공간의 허무 깨뜨리고
당당히 바로 서는 것을

청매화

청매화 한 그루에
삶과 죽음 공존한다
반은 죽고 반은 살아
삭은 뼈마디 드러나 있다
산 것은 살아서
남은 힘 끌어 올린다
눈송이처럼 흰 꽃잎
피워 내고 있다
상처 없이 어찌 이렇게
아린 향기 품을 수 있을까
슬픔 안으로 삼키면
향기 된다는 것 믿고 싶다
청매화가 죽음 안고
상처마다 꽃이다

야취

세월 견딘 나무는
해마다 쌓인 눈의 무게로
가지 휘어져 있다
바람 거센 산 능선에서는
나무가 바람의 방향으로
휩쓸려 간다
다섯 남매 홀로
농사일로 키운 복순 어메의
굽은 허리에서
부르튼 손끝에서
세월의 야취 읽혀진다
벼랑에 뿌리내린 나무다
아래로 굽어지고 휘어졌다

2부

자연 다큐

양파 껍데기

먼지 하나 묻혀오지 않는다
서슬 퍼렇던 주방장
자존심 슬그머니 누그러트리고
양파 껍데기 한 봉지 넣어왔다
깨물면 아삭거리는
하얀 속살 같던 세월 다 내어주고
껍데기 우려 먹는 여자 위해
잔반통에 자존심 구겨 넣었다
쓰레기로 버리던 것들이
약이 되는 나이
큰 길에서 맨손으로
코 풀고
보따리 들어도 부끄럽지 않다

눈이 맵다

아파트 한 구석에
재떨이로 가져다 놓은 녹슨 깡통
알 다 비워낸 물고기처럼
몸 헐었다
꽉 깨문 이빨 자국
눌러 끈 담배꽁초들
뱉어지지 않는 상심과 어울려 있다
아침마다 비질하는 경비원
쓰레받기로 깨끗이 털어 내지만
털어도 털어낼 수 없는 것들 있다
갈증 앓는 날것들
물가에 나와 목 축이고 깃 털듯이
실의에 중독된 자들
하나둘씩 드나든다
저마다의 사연 태우고 간다
녹슨 깡통에 아침 부서진다
갈 곳 없는 사람들 있다
꺼지지 않은 연기로 눈이 맵다

개가 더 좋은 이유

개에게 입술 물린 적 있다
잠결에 뒤척이는 내가
저 공격하는 것으로 착각한 거 같다
날카로운 송곳에 찔린 것처럼
깊게 패인 이빨 자국에서 피가 흘렀다
붕대로 입술 싸맬 수도 없어서
만나는 사람마다
사람에게 물린 게 아니라고
사건 설명해야 했다
오해 받기 딱 좋은 자리였다
그러나 사람에게 다친 것보다
오래가지는 않았다
분하거나 억울하지도 않았다
아슬한 마음 거기까지는
이빨 닿지 않았다

자동차

자동차도 오래 타면
정 든다
서로 잘 알아 반응한다
거칠고 쓸쓸한 콘크리트 사막
같이 건너왔으니
멈춰 설 때까지 버릴 수 없다
낡고 힘 떨어진 차가 고맙다
출근길 문 열기 전에
속으로 말 건넨다
참 멀리도 왔구나
보닛에 가만히 손
얹어보기도 한다
늙은 낙타의 볼 쓰다듬어주는
사막의 노인처럼

내가 아직도

내가 아직도
당신 그리워한다면
5월의 햇살처럼
눈부시던 그 시절
보고 싶은 것이겠지요
장미의 잠 깨우는 바람처럼
싱그럽던 그날들
잊지 못하는 것이겠지요
사랑이었던 사람이여
지워지지 않는
불에 데인 흔적 같은 이여
사랑도 덧없는 것이어서
이제는 다만
그리움일 뿐이라고
서로에게 그 무엇도 아니라고
애써 에둘러 봅니다

자연 다큐

매 한 마리 공중 날다
수직으로 내려꽂혀
송곳 같은 발톱으로
먹이 낚아챈다
토끼는 태어나 처음으로
하늘 날아간다
절벽 위
죽음의 자리로 옮겨진다
매가 발톱으로
토끼의 머리 짓누르고
날카로운 부리로
털 뽑는다
토끼는 저항하지 못한다
매가 토끼의 배 쪼아
잘게 찢어
어린 새끼의 입에 넣어준다
비극의 재료로 짜여진 식탁
배고픈 매

살고자 발버둥치는 토끼

이 설계는 누가 한 것인가

과정은 왜 이리 참혹한가

우리는 무슨 죄목

고백해야 할까

로드 킬

손가락만한 것이 꼼지락거리며
아스팔트 위 건너간다
새끼 두더지다
급하게 핸들 틀어 피하고
혹시나 해서 후사경 들여다보니
어느 틈에 까치 한 마리 쫓아와
두더지 쪼고 있다
까치는 부리로 어린 두더지 콕콕 쪼면서
뭘 훔치기라도 하듯이
주위 두리번거린다
두더지가 움직이고 있지만
까치의 먹이 될 게 뻔하다
차에서 내려 쫓을까 하다가 눈 돌렸다
저 비극의 사슬에 끼어들지 말자
속으로 중얼거리면서 가속 페달 밟았다
돌아와 식탁 앞에 앉아
저녁으로 나온 닭볶음탕
쇠젓가락으로 헤집다가 문득 멈춘다

두더지가 지나가던
한적한 시골 아스팔트 생각한다
누구도 거기서 벗어날 수 없다는
뜬금없는 생각에 이른다

경비일지 1

안녕하세요, 좋은 아침이에요
저의 친절은 3개월이 시한이에요
분리된 자존감은 수거통 안에서 잠이 들지요
당신의 밤은 어떠셨나요
완장은 밤마다 자라는 저의 턱수염 꼭 집어
자신의 구겨진 품위 찾아요
모니터로 저 다 보고 있다나요
내 노동의 효용 본사에 그대로 보고하겠대요
담배는 피우시고 그냥 바닥에 버려주셔요
당신이 버리신 담배꽁초 모여
저의 밥 되기도 하거든요
몰래 내다 버린 대형폐기물이
불확실한 미래의 끈 위협하기도 하지만
그래도 괜찮아요, 오래된 식도염이
진정되기라도 한다면
오늘 아침도 헝클어진 삶에 빗질해요
발에 밟혀 짓이겨진 개살구 향기
바닥에 눌어붙어 쓸리지 않네요

음식물 쓰레기봉투는 빨래 털듯 비워
버려주세요, 아니면 제가 잔반에 배어요

경비일지 2

우의 입고 쓰레기 옮겨 담아요
뒤섞인 비닐과 플라스틱 종류별로 고르다 보면
땀이 빗물에 섞이고 손 쉴 겨를 없지요
닦지 않은 기름기 손에 닿아 미끈거려도
세상의 견뎌 낼 수 없는 불안한 허무로부터
비켜설 수 있어 좋아요
나는 멈추면 쓰러지는 이륜 자전거에요
쓰레기 정리하고 치우는 일은
내 안의 쓸모없는 것들 잘 개인 수건처럼
가지런히 정돈하는 일이지요
빗방울이 안경에 튀어 흐려져요
사십 년 돌아 양어깨에 가랑잎 두 장이
다시 얹혔어요, 그때 버렸던 표장
아버지가 내려다보시면 좋아하실까요
잘 살아라, 유언 남기시고 가셨으니
잘 사는 것이겠지요

이순

쫓겨 달리다가
산 능선에 멈춰서
오던 길 돌아본다는
산노루 순한 눈매
나도 고갯마루 어디쯤에서
뒤돌아본다
길은 아득하고 눈물겹다
쫓기듯 살아왔다
어느덧 가야 할 길
멀지 않다

숲

멀리서 보아야 아름답다
자세히 들여다보면
서로를 먼저 먹어야 살아남는
슬픈 이야기 숨어 있다

휴일

따뜻한 햇볕이
유리창 넘어
방 안까지 가득 고인다
베란다 분목들이
참새 부리만한
연둣빛 새순 내민다
아무것도 하지 않아도 되는
휴일의 고요함
꿈결인 듯 장자의 나비가
나폴거린다
등받이에 비스듬히 기대 누워
가만히 바라본 내 발
참으로 선량하다
가난한 집에
축복처럼 쏟아지는 햇살
아! 내가 살아 있어
이 계절 느끼는구나
생각한다

눈 시린 출근길

개미들이 보도블록 위
바쁘게 오가고 있다
그중 하나가 제 몸뚱이보다 큰
과자 부스러기에 매달려 안간힘 쓰고 있는데
사람의 발이 밟고 지나가
바닥에 눌어붙어 버렸다
인도 벗어나 차도까지 넘나드는 녀석들
머뭇거림 없다
바람 일으키는 커다란 바퀴의 굉음에도
물러서지 않는다
왜 하필 위험한 이곳에서 먹이 구할까
죽음 각오한 것인가
이 작은 것들이 살기 위해 목숨 거는 것인가
봄볕 내리쬐는 외진 버스정류장
평생 도망칠 꿈 꿔온 사내가
발에 밟혀 보일 듯 말듯 사라지는 검은 점
시린 눈으로 바라보고 있다

바퀴벌레야

이질, 콜레라, 장티푸스
목숨 위협하는 온갖
병균과도
너는 친하구나
쓰레기통 음습한 그늘에서
어두운 운명의 촉수
가늠하다
눈에 띄는 족족 밟혀 죽거나
살충제에 독살당하는
너희끼리 살 비비면 눈물겹지
존재하는 것으로 죄가 되는 형벌
온몸에 소름 돋우고
빗자루 집어 드는 나도
너에게는 또 다른
바퀴벌레
그럼에도 바퀴 너는
목숨 위협하는
병균과도 친하구나
성자의 눈 닮았구나

어떤 우울

돛 잃고 연안에
좌초된 고래
아직 피지 않은 꽃 찾아
날아다니는 작은 벌
먹이 구하기 위해
서성이는 길고양이
생명 활동하는 것들 보면
괜스레 눈물 난다
목숨에서 목숨으로 옮겨져야
사는 것들
그 눈물겨운 얼개가 나는 아프다
먹고 산다는 말속에 숨겨진
두 가지 비극
먹는다는 일과
산다는 것

오징어

마른 배때기
눌린 허리의 희망
희망에 희망 걸고 굴러가야지
동해바다 이야기는
이제 그만 접어두자구
깊은 물 속 그리운 해초의 울음과
푸른 파도 보이는
바닷가 건조대에 매달려
빼앗길 것 다 빼앗겼던
낯선 겨울의 추억들도
이제 기억하지 말기로 하자
간직할 무게보다
가벼운 바퀴가 중요한 지상에도
때 묻히지 않고 해진
가슴 한 자락씩은 누구나 있어
말라비틀어진 허리에 하얗게 돋아나는
소금 절은 희망
희망에 희망 걸고
굴러가야지

부재

앓던 길고양이 오지 않는다
가죽이 뼈에 붙어
앙상한 삭정이 같았던 삶
캔 열어 우유와 같이 내어주면
힘겹게 몇 모금 삼키고
엎드려 눈 감고 있다가
저보다 무거운 어둠 등에 지고
어디론가 돌아가던 녀석
죽을 자리 찾아
누웠는지 보이지 않는다
내게 오면 살 수 있을 것 같았니
그러나 나도 너처럼
언젠가는 시간에 귀속되는 여린 목숨일 뿐
그래 잘 갔다
온몸으로 견뎌야 할 일이 너무 많은
이승에는 다시는 오지 말자
아픔과 배고픔의 굴레에서
훨훨 자유롭게 날아가거라
영원히 부재하거라

둥이 생각

불쑥불쑥 튀어나온다
보채던 식탁 밑에서
살 붙이고 잠 들던
잠자리에서
함께 걷던 산책길에서
지날 때마다 오줌 누던
가로수 밑둥치에서
불쑥불쑥 튀어나온다
그때마다 가슴에
출렁 물결 인다
우리 모두 시간 위에
잠시 얹혀있는 것이어서
돌아보면 없는 거야
주문처럼 중얼거려 본다

경원사에 가면

대웅전에 말없이 앉아계신 부처님
나에게 큰절 한 번
받은 적 없는 부처님은
나 보면 돌아앉고 싶으실 게다
살아온 내 꼬락서니가 그러하니
뵐 면목도 없다 대신
속 훤하게 드러내고 무심히 흐르는
약수나 한 바가지 들이켜고
미소로 반기는 큰 어른 뵙는다
추녀 끝 풍경 흔들고 지나가는 청량한 바람
다관의 은은한 차향 같은 분
세상사 겨울 때는 경원사에 가고 싶다
본무자성 본무자성 귓전 울리는
맑은 풍경소리 듣고 싶다

3부

홀로 앉은 아침

술에 취해 돌아온 날 밤 아비의 눈에 비친 잠든 아들의 여린 얼굴에 대한 답신

네가 신으로 여기는 내가
해줄 수 있는 거라고는 고작
너 혼자 일어서 걷기
먼발치에서 지켜보다가
네 무르팍에 묻은 흙먼지
기도하는 마음으로 털어주는 것
그것뿐이구나

자작나무

자작나무는 밀집해 살면서도
서로에게 벽 되지 않는다
햇빛과 바람 길 존중한다
가지끼리 다투지 않고
일제히 하늘 향해 손 뻗는다
죽어서도 썩지 않는 은빛 껍질
첫날밤 화촉의 시유다
다가가도 서로에게
그늘 되지 않는 자작나무
사랑 배운다

아메리카노

흔들릴 때마다
외로움
성가실 때마다
친구 같은 한 잔
구워지고 부수어져
뜨거운 물에 짓눌려 우려진
깊은 인생의 맛
씁쓸하고
구수한
아메리카노

쓸쓸한 낙화

꽃 한 송이 수직으로 흩날렸다
누구 하나 세상에 올 때 꽃 아닌 적 있으랴
첫눈 같은 축복과 감격 아니었으랴
그는 눈물 없는 울음처럼
발에 밟힌 붉은 꽃잎처럼 그렇게 스러졌다
출입 금지 수사 중 노란 폴리스라인 앞에서
아무도 입 떼지 않았다
마치 그것만이 유일한 예의인 것처럼
검은 제복의 사내들만 기웃거릴 뿐
접근 막는 경고문구 마지막 비행한
한 생애도 묶고 있었던 건 아닌지
뒤축 맞지 않는 무거운 생 끌고
절름거리며 거친 길 왔다던가
생가지 찢는 요란한 사이렌 소리에
상한 꽃잎은 어디론가 쓸려가고
도망치듯 내던진 자리에 널브러진 절망이
고요 속으로 스며들었다
모두들 꺼리며 비켜 돌아갔다

때 늦은 소주 한 잔 건네고 싶다
조문하듯 말 걸고 싶다

이소

아이가 내게 오던 날
분만실 첫울음 터트릴 때
문 앞에서 무릎 꿇고 있었다
빌고 있었다
나처럼 살지는 않게 해달라고
나는 세상에 대해 허약했고 서툴렀다
그런 나를 아이가 보살펴 키웠다
기우뚱 넘어지려 할 때마다
다시 일으켜 세우는 힘이었다
어금니 깨물게 했다
내 둥지는 그런대로 햇볕도 들었으나
더러는 바람 새어 들어왔고
들이치는 빗물에 기우는 날도 있었다
아이는 늘 넓은 세상 꿈꾸었다
아비가 자라 철 들자
저 할 일 이제 다 했다는 듯이 날갯짓 한다
내년 설에 딸아이는 나 떠나
새 둥지에 있을 게다

내 지은 성근 둥지보다
더 튼실하게 집 짓고
제 새끼들 따뜻하게
잘 키워낼 것이다

당신

당신이라는 말
한 번도 하지 못했지요
그보다 더 살가운
여보, 자기란 말은 엄두도 내지 못했습니다
당신의 호칭은 늘 삼인칭이었죠
딸아이의 이름에 엄마를 붙여
아무개 엄마였습니다
생의 고개 넘어선 지금까지도
사랑이란 말은 더더욱 입에 올리지 못합니다
사랑의 깊이와 무게 아는 나로서는
왠지 내가 부족한 것만 같아서이지요
그러나 당신 품에 안은 처음부터
내 마음속에 당신은 변함없이 일인칭이었습니다
한평생 나와 살아줘서
감사하다는 말 소중하다는 말
가난한 살림 미안하다는 말로 대신합니다
당신이 쫓는 이치대로
구름이 모였다 흩어지듯

본래 나랄 것도 없는 것이라 하더라도
한세상 당신이 함께해서
견딜 수 있었습니다

그분

단 한 번도
등 보여주지 않으신
그분 계신다
무릎 꺾여 주저앉을 때마다
그분 찾았다
엄마에게 달려가
치마폭에 얼굴 묻고
숨는 어린아이처럼

인연

안경다리 한쪽이
툭, 부러졌다
그런대로 앞 보자고
귀에 걸치니 중심 기울어진다
어찔어찔 초점이 맞질 않는다

언젠가는 약속처럼
그날이 올 것이다
그대와 나 안경다리처럼
한쪽이 먼저 부러지면
남은 한쪽도 쓸모없어지리라
외발로 서야 하리라

축 생일

생일 축하합니다
하루 살기 위해 엿새 죽는 당신
세상에 적합지 않은 마음으로
용케도 살아남아 여기까지 왔군요
지나온 당신의 발자국에서
절름거린 흔적 보입니다
길 헛들어 허덕인 날도 있군요
그렇기에 더욱 축하합니다
어설픈 걸음으로 예순여섯 해
살아낸 당신 수고하셨습니다
당신이 날마다 부르는 신의 뜻이 아니라면
어찌 있을 수 있는 일이겠습니까
막다른 길에서 주저앉은 어깨 일으켜 세운
사랑에도 감사해야겠지요
무공 없이 가슴에 단 훈장
서울 사는 두 아이들
당신에겐 큰 보람이지요
한세상 축하할 일이 언제였던가 싶은
당신, 생일 축하합니다

고백

한때는 내가
세상의 중심인 줄 알았었네
모든 별이
지구 향해 돌고
지구 위해 존재한다는
어리석은 믿음처럼
잊고 있었네
일생 두고도
다 헤아릴 수 없을 만큼
수많은 별 있다는 것
들에 피는 꽃 한 송이도
내 것 아니었네
나도 한 철 피고 지는
풀포기라는 것 알기까지
일생 낭비했네

나

몸 하나 부둥켜안고
먼 길 왔네
목숨으로 산다는 것은
절벽 위 걷는 것
신기루 부여잡는 것이어서
가끔은 슬며시
내려놓고도 싶었으나
차마 버리지 못하고 먼 길 왔네
애증의 짐
풀 수 없었네
가엾은 나의 몸

별똥별

밤하늘에 밑줄 긋는
별똥별
소원 말하면
이루어진다는 말에
급하게 빌었다
젖 뗀지 오래된 아들놈 취직해서
밥벌이만 하게 해주세요
소원이라야
이제 자식들에게 가 있다
다시 볼 수 없는 내 아버지도
그러하셨으리라
자식 먹고사는 것이
소원이셨으리라

국도 위의 흔들림

가족 만나고 헤어져
낡은 승용차로 돌아오는
대전 제천 간 국도
라이트 켜고 와이퍼로 닦아도
볼 수 있는 거리라야
백여 미터 제동 거리뿐
앞서 지나간 차도 있고
멀리 뒤에 오는 차도 있다
언제 멈출지 모르는 길
길 위의 크고 작은 흔들림에 연연하랴
그래도 이 여행지에서 만났던
잊지 못할 사람 있어
참회의 눈물 흘리나니
산다는 것이
38번 국도 홀로 달리는 것과
다르지 않아
내 어설픈 여정 지탱하는
고정되지 않은 쓸쓸한 흐름

아버지

비 없는 날도 우는
저는 청개구리여요
당신의 희망대로
세상 향해
크게 한번 날아보지 못한 저는
어떻게든 주저앉아 움츠리고
아직도 살아 남은 걸
유일한 위안으로 삼는 저는
말 없던 당신의
아픈 손가락이었지요
용서하세요, 아버지
이제 당신이
내 아픈 손가락입니다

서룬 봄

언 땅에 묻히신 할머니께서
죽기 좋은 때로 희망하시던
봄이 왔습니다
그 차갑던 흙 속 어디에
생명의 씨앗 살아 있었던지
양지바른 곳에 씀바귀 자라고
할미꽃 몇 송이 피어
어릴 적 동화 말합니다
노잣돈마저 주고 싶어 하시던 할머니
따뜻한 햇살이 서러워
눈 감는 봄날
목숨 가진 것들은 바삐 움직입니다
할머니께서 희망하시던
봄이 왔습니다
봉분에 얹힌 죽은 잔디 잎 틈으로
어린 새순 돋듯
어디서 새로운 모습으로 다시 나세요
먼 하늘 바라보며
무겁게 내려앉는 목젖

대전역에서 만난 예수

예수 믿으세요
예수 믿으면 천국 가요
영원히 죽지 않고 살 수 있어요
말끔하게 차려입은 사람들이
스피커 틀어놓고 떠들어댄다
그들의 눈은 차 시간에 쫓기는
보행자들에게 집중한다
바로 옆에는 산발한 머리와 씻지 않아
꾸질꾸질한 노숙자가 눈 감고 있다
힘없이 목 꺾고 앉아 있다
감기라도 걸렸을까
콧구멍에 누런 콧물 붙어 있다
더 아낄 무엇이 있는지
때 묻은 옷가지
꼬옥 안고 있다

송도항문외과

팬티 벗고 모로 누워
엉덩이 뒤로 쭈욱 뺐다
죄 없이 부끄러운 내 똥구멍
최대한 잘 열리도록
착한 아이처럼 시키는 대로 자세 잡았다
간호사가 핏줄에 주사바늘 꽂으며
황홀한 주문 왼다
약 들어갑니다, 졸리면 주무세요
졸음 밀려오는가 싶더니
순간 내가 완벽하게 삭제된다
천국도 지옥도 아닌 깨끗한 없음
번쩍이는 섬광 쫓아
이승 건너가는 어느 날에도
한가한 여름 한나절
나무 그늘 아래 낮잠 청하듯 가벼울 수 있을까
평생 채우기 급급했던 뱃속
밤새워 씻어냈듯이
내 안에 자라는 무수한 가시들

나를 찌르는 온갖 집착들
깨끗이 비울 수 있을까
송도항문외과에서 잠시 항문 열고
피안 엿보았다

금붕어

나 죽어지면
햇빛 맑은 겨울날
푸른 동해바다에
한 줌 재로 뿌려졌으면
인공기포기가 쏟아내는
무수한 물거품
헛되이 입질하고
플라스틱 수초 그늘에
등 기대고 살아온 세월도 함께
온기 없는 한 줌으로
가라앉았으면
바람은 아득한 수평선에
갈매기 날 수 있을 만큼만 불고
파란 하늘엔
흰 구름 몇 점 흘러가고 있었으면
그러다가 내 영혼이
살아날만 하다면
움직이지 않는 불가사리로나

다시 나서
곱게 씻긴 모래 위에 누워
비릿한 이른 새벽 내음에
젖어 있었으면

홀로 앉은 아침

어느덧 꿈같은
예순 한해의 생 맞았습니다
아마도 세상에 나오는 순간
처음 만난 건 당신의 두 손이었겠지요
그리고 그 손이 핏덩이 씻기셨겠지요
잘 살라는 당신 유언대로
그럭저럭 견디며 살아왔습니다
이렇게라도 산 것은
뼛속 깊이 스며있는
당신 사랑의 힘일 것입니다
이제는 아버지가 병중이십니다
저보다 더 아끼시던 아들이셨지요
그곳에서도 걱정이신가요
아버지도 잠깐 정신이 돌아오실 때
그래 잘 살아라, 하시대요
살아야겠습니다, 할머니
저의 생일 감사합니다

겸상

할머니 제사상에 올렸던 무나물로
밥 먹는다
아버지와 형제들 가볍게 적시고 남긴
음복술도 싸들고 와 큰 잔에 따라 마시다가
코흘리게 시절 이웃 어른의 말씀 생각한다
네가 자라 어른이 되어서 머리칼 잘라
할머니 신 삼아드려도 은혜 못다 갚는다
할머니가 다녀가셨을까
자손들이 차린 나물이며 찜 전 탕국
맛있게 드셨을까
뒤늦게 뉘우치며 엎드리는 내 절도 받으시고
어느덧 고개 넘어선 손자들 며느리들 그의 자식들
반백이 되어가는 머리도 한 번씩
쓰다듬어 보셨을까
생사가 다른 경계 너머 내가 마주 볼 수가 없으니
할머니의 영혼이 드시고 남긴 음식
이렇게 먹고 있으면
시차 두고 겸상하는 것이 아니겠느냐고
울컥 목이 메어와 고개 돌린다

4부

찻잔과 시

화양연화

우리가 꽃이라면
우리가 인연이라면
어느 생에선가
마주보고 웃던
고운 꽃이었으리
우리가 찬란한 빛이라면
우리가 운명이라면
거스를 수 없는
그리움으로 만나
세상 끝날까지
반짝이는 별이리니
사랑으로 우리 영혼 빚어졌으니
삶의 모퉁이마다
겨울 녹이는 햇볕 되고
화사한 봄꽃 되고
꽃잎에 햇살 여물리라

봄밤

막걸리 좋아했다는
천상병 시인
취기 올라오는 느낌을
장엄하다고 했다
미친 짐승들에게
몸도 마음도 다 허물려
가난했던 살림
지인 만나면
막걸리 한 병 값만 달라
손 벌렸단다
추적추적 어두운 비 뿌리고
죽었던 귀신들
다시 일어나 우는
수상한 봄밤
누구도 귀찮게 하지 않고
막걸리 마실 수 있어 다행이다
혼자일 때
노을처럼 아름다운 내 술

낮게 낮게 가라앉는다

반만 비운다

반은 그의 몫이다

3월

아직은 믿을 수 없는
겨울도 봄도 아닌 계절
눈 내려야 겨울이듯
꽃 피어야 봄이다
폭죽 같은
꽃들의 함성 아니 들리고
겨우내 얼어 죽은
어린 길고양이 생각에
마음만 아픈 달
부르튼 가지에
작은 녹색 등 켜져
봄으로 가는 길 열렸다

몸살

한바탕 몸살 앓았다
잠결에도 시름시름
무거운 몸이 자꾸만 땅으로
꺼져 들어갔고
신발 잃고 찾아 헤매는 꿈
자주 꾸었다
그때마다 먼저 죽은 이들 보였다
함께했던 이승에서의 일들이
못내 섧고 미안해서
손 맞잡고 울었다
꿈에서 깨고도 그렇다
산다는 것도 죽는다는 것도
누군가에게 미안한 일이다
눈물겨운 것이다

봄을 기다리시나요

나무는 이제 그만 들이세요
뜰 가득 채우고도 모자라는 것 보면
당신의 빈 곳은 따로 있나봅니다
봄 기다리시나요
매화 향 가득한 겨울 끝자락에
분갈이도 해주고 잔가지도 받아내려고요
밑둥도 더 키우고 싶겠지요
지금은 가을입니다
한여름 푸르르던 나무들
곱게 잎 떨구고 긴 겨울잠 준비합니다
뿌리로부터 끌어올린 물
이제 거꾸로 내려보내 부푼 가지 말리지요
당신이 잠시 한눈파는 순간
가을은 시위 떠난 화살처럼
다시 돌아오지 않을 것입니다
곧이어 세상이 얼음으로 덮이고
추운 길고양이들이 몸 움츠리겠지요
더러는 눈보라에 쫓겨 다니기도 하겠지요

그때도 당신에게 허락된 계절은

오직 겨울뿐입니다

봄 기다리지 마세요

생의 한 계절 접어 또 어쩌시려고요

까막별

어느 별에서 왔을까
지구의 생태계에
순응하지 못하는 나는
아주 머언 곳에서 왔을 것이다
살아남았다는 것은
기적에 가까운 일이다
이곳은 위리안치 유배지
그리움 많은 나는
잊지 못할 사람 하나
두고 왔나보다
먼 하늘 바라보면
눈시울 젖는다
별들이 시인의 나라라면
빛 없는 까막별에서나 왔을까
저녁샛별 꼬리별 싸라기별
밤하늘에 저의 빛 비출 때
조용히 숨어 붓 세우는
까막별에서 왔을까

말 못하는 벙어리 시인으로나
살다 왔을까

광명역에서 웃는 기형도

기형도 사진이 걸려있네
거대한 자본의 구조물 한구석에
물신의 지배가
어깨 누르는
괴물 같은 회색 도시
콘크리트 틈에 풀꽃처럼
기형도가 웃고 있네
열무 삼십 단 이고
장에 나간 엄마 기다리던
기형도가
유년의 가난에 몸 떨던
기형도가 웃고 있네
광명역에 따뜻한 피가 흐르네

휘어짐에 대하여

태풍에 나무가 흔들리고 있다
바람에 맞서지 않고
온몸으로 받아들인다
휘청거리다
그 반동으로 다시 일어선다
휘어짐으로 뿌리 보존하고
열매 지킨다

바람 없는 날에도
흔들리며 산다
나 흔드는 건 언제나
내 안에 있다
내 안에서 비 내리고
눈보라 치고
바람이 인다

입맞춤

길고양이가 내 맘 안다
아침마다 나 기다린다
내 차 소리도 구별하고
기침 소리만으로도
나인 줄 알아듣는다
숨어 있던 구석에서 하나둘씩 나온다
그중에는 내 무릎 타고 올라와
입 맞추는 녀석 있다
나는 누구에게서도
입맞춤 받아본 적 없었다

물컵 위의 고구마

물컵 위
조막만한 고구마 하나
연둣빛 이파리
여리게 피워 올리고 있다
작은 손바닥으로
겨울 밀어내고 있다
소신공양하는 촛불처럼
제 몸 태워
초록 불꽃 피우고 있다
저 작은 불꽃으로
봄이 오고 있다

우기

젖어 있는 날이 더 많았지
뜰 안에 해 든 날보다
비 내리는 날이 더 많았네
어쩌다 손바닥만 한 볕 들면
눅눅한 일복
널어 말리곤 했지
내일은 일할 수 있을 거야
다시 그 힘으로 견디며
어린 자식들 바라보았지
그 지겨운 우기
빨리 끝나기 기다렸지
그렇게 한세월 갔지

폭염주의보

뜨거운 햇볕에
뿌리 뽑힌 풀잎처럼
시들어버리더라도
더디 오는 가을 기다리지 말자
너의 생은 이미
가을 어디쯤 와 있다
모든 땅에 눈 내리고
산 것은 살고 죽는 것은 죽는 날
깨어날 수 없는
어두운 겨울잠에
깊게 묻히는 날
이 여름 기억할 것이다
아름다운 생의 한순간이었음을
생각할 것이다

입추

기어 다니는 벌레가
문득 예뻐 보인다
가을엔 살아있는 것 모두
애틋하다
뜨거운 여름의 열기
곳곳에 널려 있지만
바람에 물기 걷히고
햇살 부시다
걸음 무거운 출근길
햇빛 만난 지렁이 보았다
어디를 가는지
온몸에 흙 묻힌 채
꿈틀거리고 있어서
풀잎 뜯어 그늘로 옮겨주었다
실은 나도
한 마리 지렁이다
가을이다

가을에는

가을에는 누구나
한 그루 나무입니다
푸르름 사라지고
드러나는 앙상한 가지
허공 향한 살갗에
차갑게 닿는 바람
가을에는
무성하던 숲에서
한 그루 나무로 돌아와
비로소
홀로임을 깨닫습니다

11월

수척해진
나무 사이를
시린 바람이 기웃거리는
11월
겨울의 초입
나무는 어쩌면 저리도 곱게
자신 물들이며
소리 내지 않고
다 버릴 수 있는지
떨어진 나뭇잎이
바닥에 쌓여
오색으로 눈 부시다
우리도 살아온 생애에 따라
그 빛이 다를 것이니
나는 지금 어떤 빛깔로
단풍 들고 있는 것인가
이제 그만 잊으라고
더 버릴 것 없는

빈 가슴으로
겨울 맞으라고
내 안의 시린 가지 흔드는
11월

가로수

해마다
전기 톱날 지나가는
가로수 뭉뚝한 어깨에
연둣빛 여린
새 살 돋는구나
거꾸로 심어도 살아나는
잔인한 계절

겨울 저녁

또 하루 살아냈다
삶은 바람 부는 영하의 날씨처럼
을씨년스럽고
마른 나무껍질처럼 팍팍하다
그저 살아 있으니 산다
다만 배고픈 길고양이에게
밥 건네주는 것
꽁꽁 언 물그릇 녹여
따뜻한 물로 채워주는 것
내 손길로 작은 생명들이
배고픔과 추위에서
잠시 벗어날 수 있다는 것에서
살아 있음을 느낀다
습관처럼 찾아오는 저녁 어스름
산 것들의 하루가 저문다

겨울나무

바람 부는 겨울 숲에
한 그루 나무로 서서 생각하나니
덧없어라
꽃 피우고 열매 맺음이여
허물린 제방과
범람하던 물살이여
눈발 날리는 빈 산그늘에
새 한 마리
점으로 살아남는 저녁
버릴 것 다 버린 겨울나무
빈손으로 서 있네

찻잔과 시

태풍의 눈 있었다
모든 것 삼키고
휩쓸어 버리고도 남을 슬픔이
고요 속에 똬리 틀고 있었다
바윗돌도 울게 할
눈물의 경로 가지고 있었지만
머뭇거리다가
끝내 풀어내지 못했다
찻잔 속으로
조용히 잦아들고 말았다

작품해설

존재, 사랑, 자연 그리고 사회적 성찰
− 김기영 시인의 시집 『휘어짐에 대하여』의 시 세계

박주용 시인

1. 새뜻하게 들어가기

  김기영 시인의 새뜻한 첫 시집의 원고를 읽어보니 그동안 갈고 닦은 내공이 얼마나 깊은지, 그가 얼마나 독특한 목소리를 지닌 시인인지를 알 수 있었다. 그의 주옥같은 시편에는 인간 존재의 복잡성과 삶의 본질에 대한 깊은 이해가 내재해 있었다. 더욱이 시대의 변화와 사회적 흐름을 반영한 시적 언어로 독자에게 깊은 사유의 세계를 제시한다. 그의 시는 단순한 개인의 감정을 넘어, 인간 존재와 삶의 의미에 대한 보편적인 질문을 던지며, 이를 통해 독자와의 정서적 교감을 끌어내고 있다.

김 시인은 그의 시적 표현을 통해 인간의 내면을 탐구하며, 존재의 고통과 갈등을 사실적으로 묘사한다. 이러한 작업은 그가 단순히 시적인 이미지나 감정을 나열하는 것이 아니라, 독자에게 깊은 철학적 성찰을 요구하는 시인임을 보여준다. 그의 작품은 실존주의적 관점에서 읽힐 수 있으며, 이는 현대 사회 속에서 개인이 겪는 고독과 소외, 사랑의 상실, 그리고 자연과의 관계를 성찰하는 데 주목한다.

김 시인의 시에서 자주 다루어지는 주제 중 하나는 사랑이다. 사랑은 인간 존재의 본질적인 요소로, 그 아름다움과 상실은 그의 시에서 깊이 있게 다루어지고 있다. 사랑의 경험은 인간의 정서적 연결을 나타내며, 그 상실은 깊은 슬픔과 고통을 초래한다. 이러한 사랑의 복잡한 감정은 독자로 하여금 자신의 경험을 되돌아보게 하며, 사랑의 본질을 탐구하는데 중요한 계기를 제공해 준다.

자연은 김 시인의 시에서 또 다른 중요한 요소로 등장한다. 그는 자연을 단순한 배경으로 그리지 않고, 인간의 감정과 깊이 연결된 존재로 묘사한다. 자연과의 관계를 통해 인간 존재의 연약함과 아름다움, 그리고 상호의존성을 깊이 있게 탐구한다. 이와 같은 자세는 독자에게 자연과의 관계를 다시 생각하게 하여 환경 문제와 생태적 위기에 대한 경각심을 불러일으킨다.

사회적 비판 또한 김 시인의 시에서 중요한 주제다. 그는 개인의 고통을 사회적 맥락과 연결 지으며, 독자에게 현실의 부조리를 인식하도록 유도한다. 현대 사회에서 느껴지는 고독과 소외, 그리고 사회적 불평등을 직시하게 함으로써, 읽는 이에게 사회적 책임을 느끼고, 더 나아가 공동체의 연대감을 형성하도록 하는데 커다란 역할을 한다.

이와 같이 김 시인은 다양한 주제를 통해 단순한 언어의 나열이 아닌, 깊은 사유와 감정의 발현으로 가득 찬 시를 독자에게 제공한다. 그에 따라 독자는 자신의 정체성을 찾고, 존재의 의미를 고민하며, 사랑과 상실, 그리고 사회적 현실을 성찰하게 될 것이다. 본 해설에서는 김 시인의 시 세계를 보다 깊이 있게 탐구함은 물론 각 주제가 어떻게 그의 문학적 표현으로 형상화되고 있는지를 분석하고자 한다.

2-1. 삶과 존재의 의미

김기영 시인은 시인의 말에서 '내가 시 쓴다는 것은', '얼굴에 똥칠하고/ 거울 보기/ 아니면/ 갈 수 없는 곳 향한/ 무모한 그리움이거나/ 아물지 않는 상처 핥는/ 짐승의 우울한 혀'라고 쓰고 있다. 여기에는 인간 존재의 본질과 그로 인한 고통에 대한 깊은 성찰을 담고 있다고 할 수 있다. 그러기에 그의 시편에는 실존주의적 성격이 강하게 녹아 있고, 인간의 고뇌와 존재 의미에 대한 탐구가 짙게 깔려있다고 할 수 있겠다.

실존주의 이론에 따르면, 인간은 본질적으로 고독하며, 자신의 존재를 증명하기 위해 끊임없이 투쟁해야 한다. 이러한 관점에서 김 시인의 시는 인간이 처한 고통을 드러내며, 독자에게 자신의 존재를 돌아보게 한다.

> 철없던 목매기
> 코뚜레 거부하고
> 울부짖었다
> 피가 씻기지 않을 만큼
> 발버둥쳤다
> 사납게 눈 크게 뜬다고
> 안될 일이 되는 것 아니었다
> 어깨는 움츠러들었고
> 허리는 굽었다
> 운명의 고삐에 길들여진
> 다소곳한 짐승
>
> ―「생」 전문

위의 시 「생」에서 화자는 '철없던 목매기'와 같은 강렬한 이미지를 통해 삶의 고통을 직시하며, 무언가를 거부하고 발버둥치는 모습을 묘사하고 있다. 이 시에서 화자는 운명의 '고삐에 길들여진 다소곳한 짐승'으로 비유되며, 삶의 압박 속에서 자신의 존재를 회피할 수 없음을 인식한다. 결국, 화자는 고통스러운 삶 속에서 자신의 정체성과 존재의 의미를 찾기 위해 애쓰는 인간의 모습을 드러낸다. 이는 실존주의가 말하는 자유와 책임의 개념과 연결되며, 개인이 스스로 의미를 창조해야 함을 암시한다. 이 시를 통해 시인은 인간이 삶의 고통 속에서도 그 의미를 찾으려는 끊임없는 노력을 통해 실존적 자각을 이루어야 한다는 메시지를 전달하고 있다.

> 앓던 길고양이 오지 않는다
> 가죽이 뼈에 붙어
> 앙상한 삭정이 같았던 삶
> 캔 열어 우유와 같이 내어주면
> 힘겹게 몇 모금 삼키고
> 엎드려 눈 감고 있다가
> 저보다 무거운 어둠 등에 지고
> 어디론가 돌아가던 녀석
> 죽을 자리 찾아
> 누웠는지 보이지 않는다
> 내게 오면 살 수 있을 것 같았니
> 그러나 나도 너처럼
> 언젠가는 시간에 귀속되는 여린 목숨일 뿐
> 그래 잘 갔다
> 온몸으로 견뎌야 할 일 너무 많은
> 이승에는 다시는 오지 말자
> 아픔과 배고픔의 굴레에서
> 훨훨 자유롭게 날아가거라
> 영원히 부재하거라
>
> —「부재」 전문

위의 시 「부재」 또한 실존주의적 관점에서 존재의 고독과 상실을 나타내고 있다. 화자는 길고양이의 부재를 통해 자신의 외로움과 존재에 대한 불안을 드러내고 있다. 이는 인간 존재의 본질적인 고립감을 상징한다고 볼 수 있다. 실존주의는 개인이 타인과의 관계 속에서 의미를 찾으려 하지만, 동시에 그 관계의 단절이 가져오는 고통도 깊이 인식하게 된다. 시 속에서 화자는 길고양이가 자신의 삶에 어떤 위안을 주었는지 회상하면서, 그 존재가 사라진 후 느끼는 공허함을 표현한다. 이는 인간이 타자와의 관계를 통해 자신을 정의하고 의미를 부여하는 과정이지만, 그 관계가 끊어질 때 느끼는 상실감이 얼마나 심각한지를 보여준다. 결국, 이 시는 실존적 고독을 통해 인간 존재의 의미를 탐구하며, 누군가의 부재가 개인의 정체성과 삶의 방향에 미치는 영향을 조명한다. 시인은 시간의 흐름 속에서 자신의 존재가 어떻게 변화하는지를 고민하며, 이러한 고독 속에서도 의미를 찾으려는 노력을 드러낸다. 이는 실존주의가 강조하는 주체성과 자아 탐구의 자세를 잘 나타내고 있다고 할 수 있다.

매 한 마리 공중 날다
수직으로 내려꽂혀
송곳 같은 발톱으로
먹이 낚아챈다

토끼는 태어나 처음으로
하늘 날아간다
절벽 위
죽음의 자리로 옮겨진다
매가 발톱으로
토끼의 머리 짓누르고
날카로운 부리로
털 뽑는다
토끼는 저항하지 못한다
매가 토끼의 배 쪼아
잘게 찢어
어린 새끼의 입에 넣어준다
비극의 재료로 짜여진 식탁
배고픈 매
살고자 발버둥치는 토끼
이 설계는 누가 한 것인가
과정은 왜 이리 참혹한가
우리는 무슨 죄목
고백해야 할까

― 「자연 다큐」 전문

 시 「자연 다큐」에서도 김 시인의 실존주의적 태도가 잘 녹아 있다. 이 시에서는 매와 토끼의 생존 본능을 통해 삶과 죽음의 비극적인 관계를 탐구한다. 매가 토끼를 사냥하는 장면은 자연의 잔인함과 생존의 본질을 직시하게 만들며, 존재의 의미를 고민하게 한다. 화자는 매의 사냥을 지켜보며 그 과정이 왜 이렇게 비극적이고 잔혹한지 질문한다. 이는 실존주의의 핵심 주제인 인간의 존재에 대한 의문과 삶의 부조리를 반영하고 있음을 보여준다. 매와 토끼의 대립은 인간 존재의 고통과 생명에 대한 무관심을 상징적으로 드러내며, 우리가 어떻게 생존하고, 죽음을 마주하는지를 성찰하게 만든다. 결국, 이 시는 인간이 자연의 일원으로서 겪어야 하는 고통과 무의미한 생존의 과정을 통해, 실존의 본질을 깊이 있게 탐구해야 함을 일깨우고 있다. 다음 시 또한 실존주의적 태도가 잘 형상화된 시라고 볼 수 있다.

> 몸 하나 부둥켜안고
> 먼 길 왔네
> 목숨으로 산다는 것은
> 절벽 위 걷는 것
> 신기루 부여잡는 것이어서
> 가끔은 슬며시
> 내려놓고도 싶었으나
> 차마 버리지 못하고 먼 길 왔네
> 애증의 짐
> 풀 수 없었네
> 가엾은 나의 몸
>
> ―「나」 전문

위 시에서 화자는 '몸 하나 부둥켜안고/ 먼 길 왔네'라는 구절로 시작하며, 자신의 존재가 단순한 육체적 삶을 넘어서는 복잡한 여정을 암시한다. 이 시에서 화자는 '목숨으로 산다는 것은/ 절벽 위 걷는 것'이라고 표현함으로써, 삶의 불확실성과 고통을 강조한다. 또한 화자는 '애증의 짐'을 언급하며, 자신이 지고 있는 감정의 무게가 존재의 고통이라고 한다. 이는 실존주의가 말하는 인간의 고뇌와 삶의 부조리를 반영하고 있음을 나타낸다. 화자는 이러한 고난 속에서도 '내려놓고도 싶었으나/ 차마 버리지 못하고'라는 고백을 통해, 존재의 의미를 찾으려는 갈망을 드러낸다. 결국, 이 시는 인간 존재가 직면하는 고통과 그 속에서 의미를 창출하려는 노력을 보여준다.

위에서 언급한 실존주의에 입각한 시편들은 독자에게 삶의 본질을 성찰하게 만들며, 존재의 의미를 찾기 위한 여정을 제시한다. 김 시인은 이러한 방식으로 독자와의 정신적 교감을 이루어내고 있다. 때문에 그의 시는 단순한 언어의 나열이 아니라 심오한 사유의 결과물이라는 점에서 높은 가치를 지니고 있다고 할 수 있다.

2-2. 사랑과 상실

사랑은 김기영 시인의 시에서 중요한 주제 중 하나로, 그는 사랑의 아름다움과 상실의 아픔을 동시에 탐구하고 있다. 사랑이란 인간의 삶에서 가장 깊은 감정이며, 그 상실은 인간 존재의 불완전함을 드러낸다.

사랑의 본질에 대한 탐구는 종종 심리학적 관점에서 논의된다. 사랑은 인간의 정서적 연결을 나타내며, 그 상실은 깊은 슬픔과 고통을 초래한다.

> 당신이라는 말
> 한 번도 하지 못했지요
> 그보다 더 살가운
> 여보, 자기란 말은 엄두도 내지 못했습니다
> 당신의 호칭은 늘 삼인칭이었죠
> 딸아이의 이름에 엄마를 붙여
> 아무개 엄마였습니다
> 생의 고개 넘어선 지금까지도
> 사랑이란 말은 더더욱 입에 올리지 못합니다
> 사랑의 깊이와 무게 아는 나로서는
> 왠지 내가 부족한 것만 같아서이지요
> 그러나 당신 품에 안은 처음부터
> 내 마음속에 당신은 변함없이 일인칭이었습니다
> 한평생 나와 살아줘서
> 감사하다는 말 소중하다는 말
> 가난한 살림 미안하다는 말로 대신합니다
> 당신이 쫓는 이치대로
> 구름이 모였다 흩어지듯
> 본래 나랄 것도 없는 것이라 하더라도
> 한세상 당신 함께해서

견딜 수 있었습니다
　　　　　　　　　　　　　　　　－「당신」 전문

　김 시인의 시 중에서 그래도 길다고 느껴지는 시 「당신」에서는 사랑하는 이를 직접적으로 부르지 못하는 상황을 통해 애착 이론을 반영하고 있다. 애착 이론에 따르면, 개인은 타인과의 관계에서 애정과 소속감을 느끼며, 이는 정서적 안정감에 도움을 준다고 한다. 그러나 '당신'이라는 삼인칭의 사용은 심리적 거리감을 나타내며, 사랑의 결핍감과 상실감을 심화시킨다. 이러한 상황은 사랑의 감정이 깊어질수록 주체가 느끼는 불안감과 고독감을 더욱 부각시킨다. 이 시는 사랑의 표현이 얼마나 복잡한지를 보여주며, 상대방과의 관계에서 느끼는 심리적 갈등과 내적 고통이 어떠한지를 잘 드러내고 있다. 하지만 당신은 언제나 일인칭이기에 내 몸과 맘처럼 한세상 함께한 존재라서 나를 견디게 했다는 것이다. 이 읊조림을 보면 김 시인이 얼마나 당신을 소중히 여기고 있는지를 짐작할 수 있다.

내 생의 반은 오타였다
짧은 혀로 더듬는
그립다는 말조차
너의 창 앞에서
낮달처럼 사위어 갔다

사랑이라 말하면
지워져라고 부딪혔다
육탈한 갑골 문자 같은 나의 언어는
빈 의자에 버려진 종이컵처럼 막연하였다
네가 아직 내 품에서 울고 있을 때
깨질까 두려운 와인 잔이었다
너의 눈물도 대신 삼키고 싶어 했다

―「오독」 전문

 위의 시에서도 마찬가지이다. 시인은 언어의 불완전함을 통해 사랑의 표현이 얼마나 복잡한지를 드러내고 있다. '육탈한 갑골 문자 같은 나의 언어'라는 표현을 통해 사랑의 의미를 전달하는 데 어려움을 겪는 심리적 고통을 상징적으로 나타내고 있다. 이는 상실 후 극복해야 할 복잡한 감정, 즉 슬픔, 그리움, 그리고 후회와 연결된다. 또한, '깨질까 두려운 와인 잔'은 사랑의 허약함을 비유하며, 이는 불안정한 관계에서 느끼는 심리적 불안을 나타낸다. 이 시는 독자에게 사랑의 복잡한 감정과 그로 인한 상실의 아픔을 심리학적으로 분석할 수 있는 기회를 제공하며, 개인의 정서적 경험을 통해 보편적인 인간의 고독과 그리움을 진솔하게 표현한다. 이러한 심리적 요소들은 독자가 김 시인의 시에 더욱 깊이 공감하게 만드는 힘으로 작용하고 있다.

 흔들릴 때마다

외로움
성가실 때마다
친구 같은 한 잔
구워지고 부수어져
뜨거운 물에 짓눌려 우려진
깊은 인생의 맛
씁쓸하고
구수한
아메리카노

―「아메리카노」 전문

  시「아메리카노」 또한 사랑의 기억을 일상적인 사물에 비유함으로써, 화자가 과거의 관계를 회상하며 그리움을 느끼는 시이다. 이는 심리적 회상과 재구성의 과정으로, 특정한 사물이나 상황이 과거의 감정을 되살리는 역할을 한다. '아메리카노'를 친구처럼 여기는 것은 상실감의 완화를 위한 대체물로 기능하며, 이는 방어기제와도 관련이 있다. 화자는 그리움 속에서 일상적인 요소를 통해 과거의 사랑을 다시금 떠올리며, 동시에 그 사랑이 가져다준 행복과 고독의 이중성을 느끼게 된다.

내가 아직도
당신 그리워한다면
5월의 햇살처럼
눈부시던 그 시절

보고 싶은 것이겠지요
장미의 잠 깨우는 바람처럼
싱그럽던 그날들
잊지 못하는 것이겠지요
사랑이었던 사람이여
지워지지 않는
불에 데인 흔적 같은 이여
사랑도 덧없는 것이어서
이제는 다만
그리움일 뿐이라고
서로에게 그 무엇도 아니라고
애써 에둘러 봅니다

—「내가 아직도」 전문

위에서 언급한 시 외에도「내가 아직도」에서는 과거의 사랑을 회상하며 그리움과 상실감을 드러내고 있다. 이는 회상 과정에서 생기는 '향수'와 밀접한 관련이 있다. 이는 과거의 행복한 기억을 되새기며 현재의 고독감을 덜어주는 역할을 하지만, 동시에 그리움이 깊어짐에 따라 상실의 감정이 더욱 선명해지기도 한다. 화자의 회상은 잊지 못하는 사랑의 흔적을 담고 있으며, 이는 개인의 심리적 상처와 연결되어 있다. 사랑의 기억이 현재의 삶에 어떤 영향을 미치는지를 성찰하게 되는 이 시는, 과거의 사랑이 가져다준 기쁨과 슬픔의 복잡한 교차점을 회상하게 한다.

> 가을에는 누구나
> 한 그루 나무입니다
> 푸르름 사라지고
> 드러나는 앙상한 가지
> 허공 향한 살갗에
> 차갑게 닿는 바람
> 가을에는
> 무성하던 숲에서
> 한 그루 나무로 돌아와
> 비로소
> 홀로임을 깨닫습니다
>
> -「가을에는」 전문

「가을에는」이라는 위의 시도 사랑과 상실의 감정을 은유적으로 표현하고 있다. 화자는 가을을 통해 사람의 삶에서 겪는 고독과 외로움을 드러내며, 인간 존재의 덧없음을 상기시킨다. '가을에는 누구나/ 한 그루 나무입니다'라는 구절에서, 나무가 잎을 떨어뜨리고 앙상한 가지로 남는 모습은 삶의 끝자락에서 느끼는 고독과 상실을 상징한다. 화자는 여름의 무성함이 사라지고, 가을의 쓸쓸함 속에서 홀로임을 깨닫는 과정을 통해 사랑의 상실을 간접적으로 표현한다. 이 시는 잃어버린 사랑이나 관계의 끝을 회상하게 하며, 그리움과 함께 남겨진 감정을 전달한다. 사랑이란 단순히 함께하는 것이 아니라, 결국 떠나가는 것임을 일깨우며, 그 상실 속에서도 여전히 존재하는 나 자신을 돌아보게 한다. 삶의 계절처럼, 사랑도 변하고 사라지기를 반복하지만, 그 속에서 느끼는 감정들은 여전히 가슴에 남아 있다.

　김기영 시인의 사랑과 상실에 대한 시들은 이러한 감정의 깊이와 복잡성을 통해 독자에게 공감을 이끌어내며, 사랑의 아름다움과 그에 따르는 아픔을 섬세하게 그려낸다. 위에서 언급한 시들은 인간의 심리가 어떻게 작동하는지를 보여주는 동시에, 사랑이라는 감정이 개인의 삶에 미치는 영향을 심리학적으로 분석할 수 있는 기회를 제공한다. 이러한 시들은 단순한 감정의 표현을 넘어서, 인간 존재의 본질을 탐구하는 중요한 작품으로 자리매김하고 있다.

　더욱이 김 시인은 사랑의 상실을 통해 존재의 불완전함을 드러내며, 이는 인간이 겪는 보편적인 경험으로 독자에게 그대로 전달된다. 사랑의 상실은 단순한 감정의 문제를 넘어서, 인간의 존재와 정체성의 근본적인 질문을 던진다. 그의 시는 이러한 사랑의 탐구를 통해 독자에게 감정적 여운을 남기고, 사랑이란 감정의 복잡성을 성찰하게 만든다.

2-3. 자연과 인간

　자연은 김기영 시인의 시에서 중요한 배경으로 등장하며, 인간과의 관계를 통해 더 깊은 의미를 전달한다. 그는 자연을 통해 인간 존재의 연약함과 아름다움을 동시에 드러낸다.

자연과 관련한 주제는 종종 생태비평의 관점에서 논의되기도 한다. 생태비평은 인간과 자연의 관계를 탐구하며, 자연을 통해 인간의 내면을 드러내는 방식을 강조한다.

> 아주 오래전의 일이지
> 달 착륙선에서 내린 사람이
> 겅중겅중 달 표면 걷는 것
> 텔레비전에서 보다가
> 무중력에 대해 알게 되었지
> 나도 그렇게 걷고 싶어졌지
> 일천강에 달이 비쳐도
> 벗을 수 없는 중력
> 가슴에 무거운 돌 하나
> 박혀 있던 내 젊은 날
>
> ―「달」 전문

김 시인은 「달」을 통해 인간의 꿈과 자연의 원초적인 힘을 연결한다. 화자는 달 착륙을 통해 무중력 상태를 경험하고 싶어 하지만, 중력의 무게로 인해 젊은 날의 꿈이 무너지는 현실을 인식한다. 이 시는 인간의 존재가 자연법칙에 의해 제약받는 모습을 그리고 있으며, 달은 인간의 욕망과 한계를 상징적으로 나타내고 있다. 생태비평의 관점에서 볼 때, 자연은 인간의 꿈을 이룰 수 있는 공간이자, 동시에 그 꿈을 제약하는 힘으로 작용한다. 시인은 자연과의 조화를 원하지만, 물리적 제약으로 인해 고통받는 모습을 통해 인간과 자연이 얼마나 복잡한 관계를 드러내고 있는지를 깨우치게 한다.

> 당신 살아있는 동안
> 퇴역하지 않는 노병으로
> 곁 지키는 것
> 아무리 물살 거세도
> 머뭇거리지 않는 가마우지처럼
> 물질 멈추지 않는 것
> 참을 수 없는 모욕도
> 견뎌내는 것
> 새들도 처자식 거느리면
> 목숨 거는데
> 그것이 온전히 내게 온
> 당신에 대한 나의 사랑인데
> ―「가마우지 사랑법」 전문

「가마우지 사랑법」에서도 자연에서의 생존과 사랑의 본질을 탐구하고 있다. 화자는 가마우지를 통해 사랑의 무게와 희생을 표현하고 있다. 가마우지가 물살에 맞서며 살아가는 모습은 인간의 삶과 마찬가지로, 고난과 역경을 견뎌내는 힘을 상징한다. 이 시는 인간의 사랑이 자연과 밀접하게 연결되어 있음을 보여준다. 사랑은 때때로 참을 수 없는 고통을 수반하지만, 자연에서의 생존을 위한 투쟁은 사랑의 정수를 더욱 깊게 만들어 준다. 시인은 사랑과 생명의 본질을 자연의 모습을 통해 상징적으로 표현하고, 서로의 존재가 어떻게 긴밀하게 연결되어 있는지를 보여준다.

> 청매화 한 그루에
> 삶과 죽음 공존한다
> 반은 죽고 반은 살아
> 삭은 뼈마디 드러나 있다
> 산 것은 살아서
> 남은 힘 끌어 올린다
> 눈송이처럼 흰 꽃잎
> 피워 내고 있다
> 상처 없이 어찌 이렇게
> 아린 향기 품을 수 있을까
> 슬픔 안으로 삼키면
> 향기 된다는 것 믿고 싶다
> 청매화가 죽음 안고
> 상처마다 꽃이다
>
> —「청매화」 전문

김 시인의 시 중에는 생명과 죽음이 공존하는 자연의 모습을 통해 인간의 감정을 드러내고 있는 시 「청매화」가 있다. 이 시는 매화 한 그루에 삶과 죽음이 함께 존재한다는 점을 강조하며, 상처가 있는 삶의 아름다움을 인정한다. 이 시에서는 매화의 향기와 아름다움은 고통과 상처를 통해 더욱 깊어지고 있음을 표현하고 있으며, 이는 인간이 자연과 함께하며 겪는 다양한 감정을 상징적으로 표현한다. 자연의 순환을 통해 인간 존재의 본질을 탐구하며, 상처 속에서도 아름다움을 발견할 수 있다는 메시지를 전달한다.

> 나무는 이제 그만 들이세요
> 뜰 가득 채우고도 모자라는 것 보면
> 당신의 빈 곳은 따로 있나봅니다
> 봄 기다리시나요
> 매화 향 가득한 겨울 끝자락에
> 분갈이도 해주고 잔가지도 받아내려고요
> 밑둥도 더 키우고 싶겠지요
> 지금은 가을입니다
> 한여름 푸르르던 나무들
> 곱게 잎 떨구고 긴 겨울잠 준비합니다
> 뿌리로부터 끌어올린 물
> 이제 거꾸로 내려보내 부푼 가지 말리지요
> 당신 잠시 한눈파는 순간
> 가을은 시위 떠난 화살처럼
> 다시 돌아오지 않을 것입니다
> 곧이어 세상이 얼음으로 덮이고
> 추운 길고양이들이 몸 움츠리겠지요
> 더러는 눈보라에 쫓겨 다니기도 하겠지요
> 그때도 당신에게 허락된 계절은
> 오직 겨울뿐입니다
> 봄 기다리지 마세요
> 생의 한 계절 접어 또 어쩌시려고요
> ―「봄을 기다리시나요」 전문

위의 시「봄을 기다리시나요」는 자연의 계절 변화와 인간의 감정을 잘 연결하고 있다. 화자는 나무가 봄을 기다리는 모습을 통해, 인생의 빈자리와 희망을 상징적으로 표현한다. '당신의 빈 곳은 따로 있나 봅니다'라는 구절은 자연이 가득 차도 여전히 결핍감을 느끼는 인간의 내면을 드러내고 있다. 이 시에서 봄을 기다리는 나무의 모습을 통해 시인은 인간의 삶은 고뇌와 희망을 동시에 담고 있으며, 상호작용하며 존재한다는 것을 보여준다.

기어 다니는 벌레가
문득 예뻐 보인다
가을엔 살아있는 것 모두
애틋하다
뜨거운 여름의 열기
곳곳에 널려 있지만
바람에 물기 걷히고
햇살 부시다
걸음 무거운 출근길
햇빛 만난 지렁이 보았다
어디를 가는지
온몸에 흙 묻힌 채
꿈틀거리고 있어서
풀잎 뜯어 그늘로 옮겨주었다
실은 나도
한 마리 지렁이다

가을이다

　　　　　　　　　　　　　－「입추」 전문

　시「입추」에서도 가을의 시작을 맞이하여 자연 속의 생명체들을 애틋하게 바라보는 화자의 시각이 잘 담겨 있다. 화자는 기어 다니는 벌레를 예쁘게 여기며, 살아있는 것 모두에게 애틋한 감정을 느낀다. 이 시는 인간이 자연과의 관계에서 느끼는 소중함과 연민을 강조한다. 여름의 열기 속에서도, 가을의 변화에 따라 인간의 삶과 자연이 어떻게 연결되어 있는지를 보여주는 것이다. 시인은 자연의 소소한 생명체를 통해 자신의 존재를 성찰하며, 인간과 자연의 공존을 깊이 있게 탐구하고 있다.

　위에서 살펴본 바와 같이 자연과 인간의 관계는 시에서 깊이 있게 탐구되는 주제이다. 김 시인의 시에서 자연은 단순한 배경이 아니라, 인간의 감정과 깊은 연관성을 가진 존재로 그려진다. 그는 자연을 통해 인간의 내면을 드러내며, 독자가 자연과의 관계를 통해 자신의 존재를 다시 성찰하게 만든다. 이러한 자연과 인간의 관계는 그의 시에 생명력을 불어넣고 있으며, 독자는 이를 통해 자연의 소중함을 다시금 느낄 수 있다.

2-4. 사회적 비판

김기영 시인의 시는 개인의 경험을 넘어 사회적 맥락을 반영하며, 사회의 불합리함과 고통을 드러낸다. 그는 사회적 이슈를 통해 개인의 고통을 강조하고, 독자에게 사회적 문제에 대한 인식을 촉구한다.

사회비평은 종종 마르크스주의적 관점에서 논의되기도 한다. 마르크스주의 이론은 사회적 구조와 권력관계를 분석하며, 개인의 고통이 사회적 불합리성과 연결되어 있음을 탐구한다.

> 말라붙은 검은 살가죽과 뼈
> 부서질 듯 앙상한 몸
> 구조 기다리는
> 움푹 파인 허망한 눈가에
> 파리 붙어 있다
> 화면에 비친 아프리카는
> 살아있는 지옥이다
> 월 삼만 원씩 일 년이면
> 굶어 죽는 어린아이 서른다섯
> 살릴 수 있다는 데도
> 여기 먼 나라에서는
> 치킨 한 마리 구두 한 켤레가
> 어린 목숨보다 무겁다
>
> ―「반성」 전문

시「반성」은 사회적 비판의 주제를 명확하게 드러내며, 현대 사회에서의 경제적 불평등과 인간의 무관심을 통렬하게 비판하고 있다. 시의 화자는 '말라붙은 검은 살가죽과 뼈'와 같은 강렬한 이미지를 통해 아프리카의 굶주리는 어린이들을 상징적으로 묘사하며, 그들의 비극적 현실을 직시하고 있다. 이 시는 사회 구조가 개인의 삶에 미치는 영향을 강조하는데, 그러한 맥락에서 경제적 불평등이 어떻게 인류의 고통을 지속시키는지를 보여주고 있다.

시인은 '치킨 한 마리 구두 한 켤레가/ 어린 목숨보다 무겁다'라는 구절을 통해 소비문화에 대해 비판을 가한다. 이는 현대 사회에서 물질적 가치가 인간 생명과 비교할 수 없는 수준으로 치우쳐져 있음을 암시한다. 이러한 비유는 독자에게 인간의 비극적 현실에 대한 무관심을 자각하게 하며, 사회적 책임을 일깨우는 역할을 한다. 결국 이 시는 개인이 사회적 비극에 대해 느끼는 무력감을 드러내면서, 독자에게 공감과 행동을 촉구하는 메시지를 전달한다.

바다도 때로는 슬퍼 운다
파도가 방파제 가슴 때리면
바닷새들
잠시 깃 접고 숨 고른다
멀리 나갔던 고기잡이배들
서둘러 귀항한다

사람들이 바닷가에 버린 슬픔
말없이 바다가 안았듯이
모두들 가만히 기다린다
어부들
해진 슬픔의 그물 엮는다

―「파도」전문

 바다가 사람들의 슬픔을 안고 기다리는 모습을 그리고 있는 시「파도」또한 사회적 고통과 그에 대한 무관심을 상징적으로 보여주고 있다. 바다가 사람들의 슬픔을 묻어두는 것처럼, 사회는 종종 개인의 고통을 외면하기도 한다. 시인은 이러한 상황을 통해 사회가 고통받는 이들을 외면하는 현실을 비판하며, 슬픔이 가시화되어야 한다고 주장한다. 결국, 이는 사회적 연대의 중요성을 일깨우는 메시지로 읽힌다.

밤새워 종이꽃 접었던
지난해 겨울
회한의 등 뒤로
황사 바람 분다

마디 굵은 손가락
닿지 못하는
상념의 머리칼 흩어지고
한 걸음 다가서면

또 한 걸음 멀어지는 낮달
뿌연 유리창에서 웃고 있는데

더 그리워할 무엇으로
헛디딘 돌계단에
파랗게 이끼 피는가
잔치 몇 번 치르고 나면
흔적 없이 날려야 할
부질없는 삶
낡은 빨랫줄에 널어놓고
돌아앉은
마른기침 어지럽다

─「종이꽃」전문

  시「종이꽃」은 과거의 회한과 부질없는 삶에 대한 비판을 담고 있다. 종이꽃을 접으며 시간을 보내는 모습은 무의미한 일상에 대한 자각을 보여준다. 현대 사회에서는 개인에게 소비와 생산의 압박을 가하며, 이러한 압박 속에서 사람들은 진정한 의미를 찾기 어렵다. 시인은 헛된 삶의 반복 속에서 진정한 행복을 찾지 못하는 현대인의 모습을 그리며, 결국 사회가 개인에게 부여하는 가치관의 문제를 지적한다. 이는 사회가 개인의 삶을 어떻게 왜곡하고 있는지를 잘 드러내고 있다.

  사는 일이

마음 같지만 않아서
서얼의 세월에 묶인
내가 한심해서
새벽 뜬 눈으로 앉았다
언제나 변함없는 친구
막걸리에게 말 건넨다
너는 무엇으로 사니
무엇으로 이 끝없는 사막 건너니
안주로 하는 마른 멸치
한때 은비늘 반짝이며
튀어 오르고 싶었겠지
미라처럼 입 벌리고
눈은 푹 꺼졌다
꼭 나 닮았다

─「양촌 막걸리」 전문

다음 시「양촌 막걸리」는 사회적 비판의 주제를 통해 개인의 고단한 삶과 사회 구조의 모순을 드러내고 있다. 화자는 '사는 일이/ 마음 같지만 않아서'라는 고백으로 시작해, 자신의 현실을 직시한다. 이 구절은 삶의 무게와 개인의 고통을 암시하며, 사회가 개인에게 부과하는 압박을 나타낸다. 사회비평 이론에 따르면, 개인의 고통은 종종 구조적 불평등과 관련이 있다. 화자는 막걸리라는 친근한 존재와 대화하며, 자신의 외로움과 고독을 나누고자 한다. '너는 무엇으로 이 끝없는 사막 건너니'라는 질문은 물질적,

정서적 결핍을 나타내며, 사회에서의 고립감을 상징한다. 막걸리는 단순한 술이 아니라, 고단한 현실 속에서 위안과 연대의 상징으로 기능한다. 또한, '안주로 하는 마른 멸치'는 삶의 작은 기쁨과 동시에 잃어버린 꿈을 상기시킨다. 이는 개인의 삶이 사회적 맥락에서 어떻게 왜곡되고 제한되는지를 보여준다. 결국, 이 시는 개인의 고난과 그에 대한 사회적 무관심을 비판하며, 독자에게 더 나은 사회를 위해 행동할 필요성을 일깨우는 메시지를 전달한다.

> 비 없는 날도 우는
> 저는 청개구리여요
> 당신의 희망대로
> 세상 향해
> 크게 한번 날아보지 못한 저는
> 어떻게든 주저앉아 움츠리고
> 아직도 살아 남은 걸
> 유일한 위안으로 삼는 저는
> 말 없던 당신의
> 아픈 손가락이었지요
> 용서하세요, 아버지
> 이제 당신이
> 내 아픈 손가락입니다
>
> ―「아버지」 전문

시 「아버지」는 부자 관계를 통해 세대 간의 갈등과 고통을 표현하고 있다. 화자는 아버지를 통해 자신의 정체성을 형성했지만, 그 과정에서 느끼는 고통과 무거운 짐을 드러낸다. 이는 현대 사회에서 세대 간의 소통 부족과 이해의 결여를 비판하는 요소로 작용한다. 이 시를 통해 시인은 아버지의 상징적 존재가 개인의 삶에 어떤 영향을 미치는지를 보여주며, 또한 사회적 관계의 중요성을 강조하고 있다.

위에서 언급한 시들은 사회적 비판을 통해 현대인의 고통과 고독, 그리고 경제적 불평등과 가족 간의 갈등을 깊이 있게 탐구한다. 각 시의 화자는 개인의 삶에서 느끼는 슬픔과 회한을 통해 보다 넓은 사회적 맥락을 드러내고 있다. 이러한 시적 표현은 독자에게 단순한 감정의 공감을 넘어, 사회적 책임과 연대의 필요성을 일깨우는 역할을 한다. 결국, 이들 시는 개인의 고통이 사회 구조와 밀접하게 연결되어 있음을 보여주며, 우리가 살고 있는 사회가 개인에게 미치는 영향이 지대하다는 것을 일깨우고 있다고 할 수 있다. 이러한 성찰은 독자로 하여금 보다 나은 사회를 위해 행동할 필요성을 느끼게 하며, 개인의 고통을 사회적 문제로 인식하게 한다.

3. 끝맺하게 나오기

이번 첫 시집에서 김기영 시인은 삶과 존재의 의미, 사랑과 상실, 자연과 인간, 사회적 비판이라는 여러 주제를 통해 인간 존재의 복잡성과 깊이를 끌밋하게 보여주고 있다. 그는 개인의 감정과 사회적 맥락을 연결 지으며, 독자가 자신의 삶과 주변을 성찰하도록 잘 안내하고 있다. 그의 시는 단순한 언어의 집합체가 아니라, 깊은 사유와 감정의 발현으로 가득 차 있어 독자에게 큰 감동을 준다.

김 시인의 시편들을 읽으며 시인이 앞으로 현대 사회의 복잡한 이슈를 시적으로 풀어낼 능력이 있음을 확인하였다. 특히, 현대 사회에서 느껴지는 고독과 불안, 그리고 상실감을 더욱 깊이 있게 탐구하고, 이를 통해 독자들에게 현실을 직시하도록 하는 강력한 메시지를 전달할 수 있는 시인이 될 것이라고 확신한다. 또한, 자연과의 관계를 더욱 심화하여 환경 문제와 생태적 위기를 다룬 작품을 통해 독자와의 공감대를 형성할 수 있었으면 좋겠다.

앞으로 김 시인이 기존의 주제를 깊이 있게 다루되, 새로운 시각을 통해 독자에게 신선한 감동을 줄 수 있는 방법을 모색하는 것도 중요하리라 생각한다. 예를 들어, 사랑의 상실을 넘어 새로운 형태의 사랑을 탐구하거나, 개인의 고독을 넘어 공동체의 연대감을 강조하는 방향으로 나아갈 수 있겠다. 이러한 접근을 병행한다면 현 문단에서 더욱 중요한 역할을 할 것이며, 독자에게 깊은 정서적 여운을 남길 수 있을 거라고 확신한다.

지금까지 김기영 시인의 첫 시집의 새뜻하고 끌밋한 시편들을 통해 다양한 주제와 인간 감정의 복잡성을 살펴보았다. 첫 시집에서 이 정도 깊이의 시적 사유와 형상화의 수준을 보여주는 것은 쉽지 않을 것이다. 오랜 연륜으로 빚어낸 발효와 삭힘의 미학적 표현과 추상적인 내용을 구체화하는 작업은 앞으로도 계속 견지해주길 바란다. 무엇보다 허장성세가 없는 시적 전개와 균형 감각에 박수를 보낸다. 특히 정갈하고 단아한 시의 앞길에 독자들의 기대가 더욱 크다는 것을 잊지 않았으면 좋겠다.

이든시인선 165
휘어짐에 대하여
ⓒ 김기영, 2025

발행일	2025년 9월 2일
지은이	김기영
발행인	이영옥
펴 낸 곳	도서출판 이든북
출판등록	제2001-000003호
주 소	대전광역시 동구 중앙로 193번길 73
전화번호	(042)222-2536 ∣ 팩스(042)222-2530
전자우편	eden-book@daum.net
카 페	https://cafe.daum.net/eden-book
공 급 처	한국출판협동조합
	전화 (02)716-5616 (031)944-8234~6

ISBN 979-11-6701-364-4 (03810)
값 11,000원

* 이 책의 판권은 지은이와 이든북에 있습니다.
* 이 책 내용의 전부 또는 일부를 재사용하려면 반드시
  양측에 서면 동의를 받아야 합니다.